MINISTÈRE DE LA GUERRE

INSTRUCTION

DU 1er AVRIL 1902

SUR LE

SERVICE DES ÉCOLES RÉGIMENTAIRES

DES

CORPS DE TROUPE DE CAVALERIE

PARIS

LIBRAIRIE MILITAIRE R. CHAPELOT ET Cᵉ

IMPRIMEURS-ÉDITEURS

30, Rue et Passage Dauphine, 30

—

1902

INSTRUCTION

DU 1er AVRIL 1902

SUR LE

SERVICE DES ÉCOLES RÉGIMENTAIRES

DES CORPS DE TROUPE DE CAVALERIE

OBJET DU SERVICE.

Dans chaque régiment de cavalerie, le service des écoles régimentaires comprend le cours préparatoire, qui a pour but de développer l'instruction des gradés susceptibles d'arriver au grade de sous-lieutenant.

ORGANISATION DU COURS PRÉPARATOIRE.

Le cours préparatoire est divisé en deux cours :

Le cours du 1er degré et le cours du 2e degré.

Le cours du 1er degré est destiné aux sous-officiers et exceptionnellement aux brigadiers ayant plus d'un an de service et susceptibles de concourir par la suite pour l'admission à l'École d'application de cavalerie.

Le cours du 2e degré est réservé aux sous-officiers que le colonel se propose de présenter pour le grade de sous-lieutenant à la fin de l'année scolaire.

RÉPARTITION DE L'ENSEIGNEMENT.

L'enseignement est professé dans les deux degrés du cours préparatoire, conformément aux programmes annexés à la présente instruction.

Il est fait usage, pour chaque cours, des livres indiqués à la suite de ces programmes.

Le cours du 1er degré comprend : un cours de français ; un

cours d'histoire ; un cours de géographie ; un cours d'arithmétique ; un cours de géométrie.

Le cours du 2ᵉ degré est divisé en deux périodes.

Dans la première période l'enseignement comprend : un cours de français ; un cours de géographie ; un cours d'arithmétique ; un cours de géométrie ; un cours de topographie.

La deuxième période est consacrée à la préparation directe aux examens d'admission à l'École d'application de cavalerie.

DURÉE DES COURS.

L'année scolaire commence le 15 novembre et se termine le 15 août.

Il est attribué, en principe, trois séances par semaine pour les cours de chacun des deux degrés.

La durée de chaque séance est de une heure à une heure et demie.

La répartition des séances entre les différents cours est indiquée dans le tableau ci-après :

Cours du 1ᵉʳ degré.		*Cours du 2ᵒ degré (1ʳᵉ période).*	
Français.............	20 séances.	Français.............	6 séances.
Histoire.............	20 —	Géographie...........	6 —
Géographie...........	20 —	Arithmétique.........	5 —
Arithmétique.........	8 —	Géométrie............	8 —
Géométrie............	12 —	Topographie..........	9 —
	80		34

La deuxième période du cours du 2ᵉ degré est consacrée à la révision des matières du programme et aux exercices d'application préparant directement aux examens d'admission à l'École d'application de cavalerie.

PERSONNEL ENSEIGNANT.

Le personnel d'enseignement, placé sous le contrôle du lieutenant-colonel, comprend le capitaine instructeur, directeur du cours préparatoire, et un certain nombre d'officiers désignés par le chef de corps, sur la proposition du lieutenant-colonel, en raison de leurs aptitudes spéciales et des études pour lesquelles ils auraient montré un goût particulier.

EXAMENS.

Nul ne peut passer du cours du 1ᵉʳ degré au cours du 2ᵉ degré s'il ne prouve qu'il possède les connaissances exigées dans le 1ᵉʳ degré.

A cet effet, une commission d'examen, présidée par le lieutenant-colonel et composée du capitaine instructeur et des officiers
professeurs, examine chaque année, en fin de cours, les gradés
qui ont suivi le cours du 1er degré. L'examen porte sur toutes les
matières du programme du 1er degré.

C'est d'après les résultats de cet examen que le colonel désigne,
parmi les sous-officiers susceptibles d'être présentés à Saumur
l'année suivante, ceux qu'il autorise à suivre les cours du
2e degré.

Cet examen permet également d'éliminer du cours préparatoire les gradés qui ne tirent de l'enseignement aucun profit.

ANNEXE N° 1.

PROGRAMMES D'ENSEIGNEMENT GÉNÉRAL.

COURS DE FRANÇAIS.

1er DEGRÉ.

Révision des règles de la grammaire.
Exercices de français.
Dictées.
Règles de style et de rédaction.
Exercices de rédaction.

2e DEGRÉ.

Dictées et exercices de rédaction.

Ouvrages mis à la disposition des professeurs et des élèves.

Cours de grammaire et composition française réglementé par la circulaire du 17 janvier 1883 sur les écoles régimentaires de cavalerie.

COURS D'HISTOIRE.

Résumé d'histoire ancienne. — Les origines. — La Chine et les Mongols. — L'Inde. — L'Égypte. — Assyriens et Phéniciens. — Les Juifs. — Les Mèdes et les Perses. — La Grèce. — Lycurgue et Solon. — Guerres médiques. — Sparte. — Athènes. — Thèbes. — Philippe et Alexandre. — Rome. — La conquête de l'Italie. — Guerres puniques. — Guerres civiles. — Pompée et César. — Cicéron. — Chute de la République.

Les empereurs romains. — L'anarchie militaire. — Constantin. — Le christianisme.

Résumé d'histoire du moyen âge. — La Gaule et les Francs. — Charlemagne. — La féodalité. — Les croisades.

Formation du royaume de France. — Les Capétiens. — La guerre de cent ans. — Jeanne d'Arc.

HISTOIRE MODERNE.

Louis XI. — Charles VIII. — Louis XII. — François Ier et Charles-Quint. — La Renaissance. — La Réforme. — Les guerres de religion. — Henri IV. — Louis XIII et Richelieu.

Minorité de Louis XIV. — Mazarin. — La Fronde.

Traité des Pyrénées. — Caractère de Louis XIV. — Colbert. — Louvois. — Vauban.

Guerres de Dévolution et de Hollande. — Traité de Nimègue. — Révocation de l'Édit de Nantes. — La révolution de 1688 en Angleterre (résumé). — Guerre de la Ligue d'Augsbourg. — Paix de Riswick. — Guerre de la Succession d'Espagne. — Traités d'Utrecht et de Rastadt.

Les lettres, les sciences et les arts sous Louis XIV.

Pierre le Grand et Charles XII (résumé).

Louis XV. — Régence du duc d'Orléans. — Law. — Fleury. — Guerre de la Succession de Pologne. — Guerre de la Succession d'Autriche. — Guerre de Sept ans.

Acquisition de la Lorraine et de la Corse. — Choiseul. — Puissance maritime de l'Angleterre.

Résumé des luttes de la France et de l'Angleterre aux Indes et de la guerre de l'Indépendance des États-Unis. — Traités de Versailles. — Formation du royaume de Prusse et Frédéric le Grand (résumé).

La Russie sous Catherine II (résumé).

Le dix-huitième siècle : lettres, sciences et arts.

Préliminaires de la Révolution.

Louis XVI. — Malesherbes. — Turgot. — Necker. — Les États-Généraux de 1789.

La Révolution. — L'Assemblée constituante et ses réformes. — L'Assemblée législative. — L'Invasion.

La Convention. — La Terreur. — Le 9 thermidor. — Première coalition. — Traité de Bâle. — Guerre de Vendée. — Constitution de l'an III.

Le Directoire. — Campagne d'Italie. — Expédition d'Égypte. — Deuxième coalition. — Campagne de 1799. — Le 18 brumaire.

Le Consulat. — Constitution de l'an VIII. — Réformes du Consulat. — Campagne de 1800. — Traités de Lunéville et d'Amiens.

L'Empire. — Gouvernement intérieur. — Politique extérieure. Campagnes de 1805, 1806, 1807, 1809. — Guerre d'Espagne. — Blocus continental. — Campagnes de Russie, de Saxe et de France. — Invasion de 1814. — Traité de Paris.

La Restauration. — La Charte. — Les Cent-jours. — Traités de 1815. — Louis XVIII. — Résultats généraux de la Restauration. — Charles X. — Les ordonnances de Juillet. — Révolution de 1830.

La Sainte-Alliance. — La France en Espagne. — Résumé sur

l'émancipation des colonies espagnoles et portugaises et sur l'insurrection de la Grèce. — Bataille de Navarin.

Louis-Philippe. — Charte de 1830. — Occupation d'Ancône. — Indépendance de la Belgique.

Résumé de la question d'Orient et du rôle joué par Méhémet-Ali.

Conquête de l'Algérie. — Résultats généraux du gouvernement de Juillet.

Révolution de 1848. — Son contre-coup en Europe. — Coup d'État du 2 décembre 1851. — Le second Empire.

Guerre de Crimée. — La question italienne. — Guerre d'Italie. Résumé de la guerre de 1866.

Résumé de la guerre de Sécession, de la guerre du Mexique et des guerres en Extrême-Orient.

Guerre de 1870. — Chute de l'Empire. — Gouvernement de la Défense nationale. — Deuxième partie de la guerre. — La République. — Lois constitutionnelles de 1875.

Résumés des principaux événements survenus en Europe depuis 1875 jusqu'à nos jours.

Ouvrages mis à la disposition des professeurs et des élèves.

1° Victor Duruy : *Petite histoire générale.*

(Parties du livre à utiliser : Histoire ancienne, pages 1 à 81 ; Histoire du moyen âge, pages 85 à 122 ; Histoire moderne, pages 127 à 156).

2° G. Ducoudray : *Histoire générale de 1610 à nos jours.*

Nota. — L'enseignement sera limité aux parties des deux ouvrages d'histoire mentionnés sur le programme.

Éditeur : Hachette, 79, boulevard de Saint-Germain.

COURS DE GÉOGRAPHIE.

1er DEGRÉ.

Géographie générale.

La terre. — Étude du globe. — Points cardinaux ; longitudes, latitudes. — Continents. — Mers. — Les cinq parties du monde.

Étude de la France.

Géographie générale. — Situation de la France. — Géologie. — Relief du sol. — Climats. — Côtes. — Fleuves. — Productions. — Population.

Étude des régions de la France. — Massif central, région du Nord-Est, région de l'Ouest, région du Sud-Ouest, région de l'Est.

Géographie politique. — Unité territoriale de la France. — Organisation politique et administrative. — Défense du territoire. — État économique.

Colonies françaises. — Empire colonial français. — L'Algérie. — La Tunisie. — L'Indo-Chine française. — Colonies secondaires.

Étude de l'Europe.

Géographie physique. — Géographie politique. — Péninsule des Balkans. — L'Italie. — La péninsule Ibérique. — Grande Bretagne et Irlande. — Pays-Bas. — Suisse. — Allemagne. — Autriche-Hongrie. — L'Empire russe. — Les États scandinaves. — La civilisation européenne.

Le cours sera complété par de nombreux exercices de cartographie faits de mémoire au tableau noir.

2e DEGRÉ.

Étude des parties du monde.

Océanie. — Description générale. — La Malaisie. — Mélanésie. — Micronésie. — Polynésie. — L'Australie. — Le pôle Sud.

Amérique. — L'Amérique du Nord ; description générale. — Le pôle Nord. — Le Dominion canadien. — Les États-Unis. — Le Mexique. — L'Amérique centrale. — Les Antilles.

L'Amérique du Sud ; description générale. — Les États du Pacifique. — Les États de l'Atlantique.

Afrique. — Description générale. — L'Afrique méditerranéenne. — L'Afrique intérieure. — L'Afrique littorale de l'Est et de l'Ouest.

Asie. — Géographie physique. — L'Asie politique. — L'Asie septentrionale ou russe. — L'Asie orientale. — L'Asie méridionale. — L'Asie occidentale. — La civilisation de l'Asie.

Le cours sera complété par de nombreux exercices de cartographie faits de mémoire au tableau noir.

Ouvrages mis à la disposition des professeurs et des élèves.

P. SCHRADER et L. GALLOUÉDEC.

1º *Petit cours de géographie ;*
2º *Petit atlas de géographie.*
Éditeur : Hachette, 79, boulevard de Saint-Germain.

COURS D'ARITHMÉTIQUE.

1re DEGRÉ.

1re leçon. — Révision des principes élémentaires de l'arithmétique. — Addition. — Soustraction.

2e leçon. — Multiplication des nombres entiers. — Principes ayant trait à la multiplication.

3e leçon. — Division des nombres entiers.

4e leçon. — Divisibilité des nombres. — Généralités sur les fractions ordinaires.

5e leçon. — Nombres fractionnaires. — Addition et soustraction des fractions.

6e leçon. — Multiplication et division des fractions.

7e leçon. — Fractions décimales. — Addition, soustraction et multiplication des fractions décimales.

8e leçon. — Division des fractions décimales. — Transformation d'une fraction ordinaire en fraction décimale et réciproquement.

2e DEGRÉ.

9e et 10e leçons. — Système métrique.

11e leçon. — Méthode de réduction à l'unité. — Règle de trois.

12e leçon. — Règles d'intérêt. — Partage d'une somme en parties proportionnelles.

13e leçon. — Notation algébrique. — Règle des signes.

Ouvrages mis à la disposition des professeurs et des élèves.

Cours d'arithmétique et système métrique réglementé par la circulaire du 17 janvier 1883, sur les écoles régimentaires de cavalerie.

COURS DE GÉOMÉTRIE.

1er DEGRÉ.

1re et 2e leçons. — Définitions. — Angles adjacents. — Angles opposés par le sommet.

3e et 4e leçons. — Cas d'égalité des triangles.

5e et 6e leçons. — Triangle isocèle. — Bissectrice. — Propriétés de la perpendiculaire et de l'oblique. — Cas d'égalité des triangles rectangles.

7e et 8e leçons. — Des droites parallèles.

9e et 10e leçons. — Angles dont les côtés sont parallèles ou perpendiculaires. — Quadrilatères. — Propriétés du parallélogramme.

11e leçon. — Circonférence. — Propriétés des cordes égales. — Du rayon perpendiculaire à une corde.

12e leçon. — Tangente à une circonférence. — Mesure des angles et des arcs avec le rapporteur.

2e DEGRÉ.

13e, 14e et 15e leçons. — Usage de la règle, du compas, de l'équerre et du rapporteur.

16e et 17e leçons. — Lignes proportionnelles. — Triangles semblables.

18e et 19e leçons. — Mesure des surfaces.

20e leçon. — Surface d'un polygone. — Surface d'un cercle. — Applications numériques. — Définition et mesures des principaux solides.

(Donner sans démonstration les formules de leur volume).

Ouvrages mis à la disposition des professeurs et des élèves.

Cours de géométrie réglementé par la circulaire du 17 janvier 1883 sur les écoles régimentaires de cavalerie.

COURS DE TOPOGRAPHIE.

1re leçon. — Notions préliminaires. — Échelles.

2e leçon. — Désignation et représentation des objets à la surface du sol.

3e leçon. — Étude des formes du terrain. — Plans en relief.

4e leçon. — Figuré du terrain au moyen des courbes.

5e leçon. — Figuré du terrain au moyen des hachures, au moyen des courbes et des teintes.

6e leçon. — Exercices de lecture de carte. — Mesure des distances. — Recherche des lignes de partage et de défilement.

7e leçon. — Emploi de la carte pour préparer l'exécution des petites opérations du service en campagne.

8e leçon. — Exécution d'un levé à vue, d'un croquis.

9e leçon. — Reconnaissances. — Modèle de rapport.

EXERCICES PRATIQUES.

Appliquer sur le terrain les 6ᵉ, 7ᵉ, 8ᵉ et 9ᵉ leçons.

Ouvrages mis à la disposition des professeurs et des élèves.

Cours de topographie réglementé par la circulaire du 17 janvier 1883 sur les écoles régimentaires de cavalerie.

ANNEXE N° 2.

MATÉRIEL.

La salle d'école a un mobilier composé comme il suit :

> Une estrade pour le professeur ;
> Un bureau avec tiroir fermant à clef placé sur l'estrade ;
> Six chaises ;
> Des tables garnies d'encriers et de bancs ;
> Une armoire fermant à clef munie de ses rayons ;
> Le nombre de lampes nécessaire ;
> Les murs sont garnis de porte-manteaux en nombre suffisant.

Le matériel fixe d'enseignement comporte :

1° Un globe terrestre ;

2° Des cartes géographiques collées sur toile et accrochées au mur ;

3° Un relief représentant les diverses formes du terrain ;

4° Un tableau noir.

Le matériel mobile comprend les livres, objets divers et fournitures nécessaires à l'enseignement du cours préparatoire.

Le capitaine instructeur tient :

1° Un registe du personnel des écoles modèle n° 1 sur lequel figurent les professeurs et les élèves du 1er et du 2° degré, ainsi que les mutations les concernant ;

2° Un registre du matériel modèle n° 2.

Il fait établir les pièces de dépenses pour l'achat des fournitures nécessaires à l'enseignement du cours préparatoire.

Approuvé :

Le Ministre de la guerre,
Général L. André.

ᵉ RÉGIMENT DE

REGISTRE

DU PERSONNEL DES ÉCOLES.

(PROFESSEURS ET ÉLÈVES.)

CHAPITRE PREMIER. — LISTE DES OFFICIERS

NOMS.	GRADES.	

PROFESSEURS DU COURS PRÉPARATOIRE.

MUTATIONS ET OBSERVATIONS.

1er DEGRÉ.

2e DEGRÉ.

CHAPITRE II. — LISTE DES ÉLÈVES

NUMÉROS des ESCADRONS.	MATRICULES.	NOMS.	GRADES.

DU COURS PRÉPARATOIRE (1er *degré*).

MUTATIONS ET OBSERVATIONS.

CHAPITRE III. — LISTE DES ÉLÈVES DU

NUMÉROS des ESCADRONS.	MATRICULES.	NOMS.	GRADES.

COURS PRÉPARATOIRE (2e *degré*, 1re *période*).

MUTATIONS ET OBSERVATIONS.

CHAPITRE IV. — Liste des élèves du

NUMÉROS des ESCADRONS.	MATRICULES.	NOMS.	GRADES.

COURS PRÉPARATOIRE (2ᵉ *degré*, 2ᵉ *période*).

MUTATIONS ET OBSERVATIONS.

MODÈLE Nº 2.

Annexe 2 du règlement.

RÉGIMENT DE

REGISTRE

DU MATÉRIEL DES ÉCOLES.

ENTRÉES.   CHAPITRE II. — MATÉRIEL

DATES.	DÉTAIL.	DÉNOMINATION DES OBJETS.	DÉCOMPTE EN ARGENT.
	Prix......		
	Totaux...		
	Report des sorties.		
	Reste au dernier jour du trimestre....		

ACHETÉ PAR LE CORPS.   SORTIES.

DATES.	DÉTAIL.	DÉNOMINATION DES OBJETS.	DÉCOMPTE EN ARGENT.
	Prix......		
	Totaux...		

CHAPITRE III. — Dépenses.

DATES.	NOMS ET ADRESSES des fournisseurs,	DÉTAIL.	PRIX de L'UNITÉ.	MONTANT.	MONTANT de LA FACTURE.

R. CHAPELOT et C°, Libraires-Éditeurs, Rue et Passage Dauphine, 30, Paris.

BULLETIN OFFICIEL

DU MINISTÈRE DE LA GUERRE

(Édition chronologique et Édition méthodique)

CONDITIONS D'ABONNEMENT :

Pour MM. les Officiers, Fonctionnaires militaires et Assimilés de l'armée active

(FRANCE, ALGÉRIE, TUNISIE)

Bulletin officiel des troupes métropolitaines .... **20 fr.**
— — coloniales .... **15 fr.**
— Édition complète (*les deux Bulletins réunis*) ...... **25 fr.**

Les conditions de souscription pour les abonnés en dehors des catégories ci-dessus sont envoyées sur demande.

MANUEL

DE

LÉGISLATION, D'ADMINISTRATION

ET DE

COMPTABILITÉ MILITAIRES

à l'usage des Officiers et des Sous-Officiers de toutes armes

PAR

le Lieutenant-Colonel L. BEAUGÉ

11e ÉDITION, complètement refondue et mise à jour

Paris, 1901, 2 forts vol. in-12. 15 fr.

L'achat du Manuel a été autorisé par décision ministérielle, en date du 24 août 1900, au compte de la masse d'habillement.

Paris. — Imprimerie R. Chapelot et C°, 2, rue Christine.